U0036592

來生有福

指引 ｜ 願生淨土 ｜ 40則

聖嚴法師

法鼓文化編輯部 選編

……編者序……

歡喜心放下生死

死後的世界充滿神祕感，人們之所以害怕死亡，正是因為不知道自己來生是什麼樣的世界。佛教稱死亡為「往生」，表示死後是有未來的。此生的句點，可為來生佛國淨土的起點。如果生命的下一站是佛國淨土，那便只有滿心歡喜而沒有擔憂了。

佛教相信有前生，但是不需要透過算命或神通去追問，因為最重要的是今生的努力。面對來生，也不需要擔憂將上天堂或下地獄，因為佛法就是解脫六道生死輪

迴的方法，並提供往生淨土世界的道路。

面對生死大業，聖嚴法師勉勵我們說：「活著時，要珍惜生命，感激生存，感恩生活，要好好地運用我們有限的這個生命旅程；死亡時，要心存感謝、充滿喜悅，要無懼、無憂、無悔、無怨、滿懷著悲願心，迎向光明的前程。」

生死是一體的，出生的同時，生命就已在倒數計時，因此，我們要隨時做好面對死亡的準備，而最好的準備便是往生佛國淨土。因為念佛修行和培養福報，能讓我們的心與佛相應，不但來生有福，得以往生西方，今生也能活在美好的人間淨土！

——法鼓文化編輯部

目錄
Contents

目錄
Contents

01

光明的未來

在面對死亡的問題上，既然知道人難免一死，就要積極運用佛法的觀念發願往生淨土。

❋ 學佛能助人善終

一般人是可以發願往生西方極樂世界，以念佛的方法，藉著阿彌陀佛的願力來達成。有很多人念佛念得很好，在談笑間突然間就走了，稱得上是無疾而終；還有人能預知時之將至，過世前就知道自己

什麼時候要走。這些都證明了學佛能助人善終，讓人臨終得瑞相，帶給學佛的人光明的未來。

明日仍會旭日東昇

除了發願往生西方極樂世界，還有人發願生生世世學佛，廣結善緣，甚至出家修行，生生世世度眾生。發這種願的人，都是對自己、對佛法有信心，在願力的背後有著無窮的毅力，對未來一定是充滿希望與展望，這也是對死亡一種很健康的看法。

也可以把由老至死當成是一日將盡，累了一天，洗個澡、換下身上的衣服，是再自然不過的事了，而所謂的「夕陽無限好，只是近黃昏」不是就此完了，因為日落西山後，明天還將會從東方升起，前程

無限美好。由這個觀念延伸出來的，就是
要人對世俗的得與失看淡、看輕、看遠，
尤其到晚年，凡事不存得失心，對未來就
不會有失望、落寞的感覺。

（選自《法鼓山的方向：關懷》）

聖嚴法師的叮嚀

對於生命要充滿了希望的信心，
對於死亡要做好隨時的準備。
為了隨時做好面臨死亡的心理準備，
便得珍惜現有的生命，
善待生命，善用生命，
多做智慧的充實，多做福德的種植，
以這些成果來面臨死亡、通過死亡，
做為進入另一個生命階段的資本。

Chapter

02

去世的親人去往何方？

　　我常常會遇到一些人，當自己心愛的
人或是感情非常好的親人過世時，就會來
問我：「他們過世以後到哪兒去了？能不
能請他們回來告訴我，他們在那裡過得好
不好？」

❈ 親人的來生歸處

　　我告訴他們，若是根據一神教的說
法，相信死後會有兩種結果：一種是因為
信神，所以被接回到神的身邊去了，你將

來去神那裡的時候，就可能會見到；另外一種可能，是因為不信神，或是信心不夠，死了以後，等待末日來臨時，受審判而到地獄裡去，如果你想見他們的話，等你死了以後，也可以準備到地獄裡去見他們。

其實到了天上，要不要再見親人已經不是問題了，因為那裡所有的人，看起來都一樣；而當你到地獄裡的時候，也見不到親人，因為大家都在受苦。好比在監牢中，牢裡的人根本沒有辦法到別的監牢裡去，即使在人間，女監和男監也是分開的。

如果依據佛法，人死以後的可能性很多：一是被接引到佛國淨土，另外則是生天，還有可能是投胎到其他的眾生道，或是又轉生為人了。不管是哪一種可能性，他們去了以後，再回來讓親人看到的機率是很低的。但是許多人總是希望自己的愛人、親人

能夠在走了以後，捎一點訊息回來，好像人到了外太空以後，再利用衛星通訊，讓活著的人知道他們究竟在那裡做什麼。

❊ 來去自如，解脫自在

可是根據佛法來說，如果希望親人、愛人能夠跟自己見面，最好是自己先得解脫，自己得解脫以後，便不受業力的支配，不受佛國、天國、凡夫、聖人這種區隔的限制，要到哪兒就到哪兒，什麼地方都可以去，什麼地方也都留不住，這是真正的解脫自在。

如果是這樣的話，不要說是這一生的親人，其實過去無量生以來的眷屬親人，看一看，到處都是。

（選自《聖嚴法師教話頭禪》）

03

佛教相信輪迴
是確實的嗎？

這個問題的答案是肯定的。佛教相信，除了已經解脫生死（如小乘的阿羅漢）或已經自主生死（如大乘的聖位菩薩）的聖者之外，一切的眾生，都不能不受輪迴的限制。

❀ 什麼是輪迴生死？

所謂輪迴，實際上是上下浮沉的生死流轉，並不真的像輪子一般地迴環。輪迴的範圍共有六大流類，佛教稱為六道，

那就是由上而下的：天道、人道、修羅（神）道、傍生道、鬼道、地獄道，這都是由於五戒十善及十惡五逆（十善的反面是十惡，殺父、殺母、殺羅漢、破壞僧團的和合、出佛陀的身血，稱為五逆）而有的類別，五戒十善分為上、中、下三品，感生天、人、修羅的三道，十惡五逆分為下、中、上三品，感生傍生、鬼、地獄的三道。作善業，生於上三道，作惡業，生於下三道。在每一類別中的福報享盡或罪報受完，便是一期生死的終結，便又是另一期生死的開始，就這樣在六道之中，生來死去，死去生來，便稱為輪迴生死。

❀ 人道能造善惡業

　　不過佛教特別相信，眾生的生死範圍雖有六道，眾生的善惡業因的造作，則以

人道為主，所以，唯有人道是造業並兼受報的雙重道，其餘各道，都只是受報的單重道，天道、神道只有享受福報，無暇另造新業；下三道只有感受苦報，沒有分別善惡的能力；唯有人道，既能受苦受樂，也能分別何善何惡。佛教主張業力的造作熏習，在於心識的感受，如若無暇分辨或無能分辨，縱然造業，也不能成為業力的主因。所以，佛教特別重視人生善惡的行為責任。

（選自《正信的佛教》）

04

地府、天堂
都是海市蜃樓

　　凡是宗教，幾乎都信有天堂及地獄，至於陰曹地府之說，則是出於中國民間信仰。因此，有一些中國人信了宗教，便會賣弄玄虛，說什麼遊地府、上天堂。類似這種偏離了人的立場的宗教現象，雖有其正面的功能，但也會帶來負面的影響。

　　信仰宗教者有不同的性格，不同性格的人接受不同性格的宗教，也可以說，不同時代環境中的人，發現了不同性格的宗教。所以，各式各樣的天堂、地府之說，也是為各式各樣的人而設。

例如，西方人只信有天國及地獄，不信有佛國淨土；佛教徒除了信有佛國，也信有天國及地獄；而中國人在病中和夢中遊地府、上天堂，所看到的景物與人物，都是東方的，沒有西方的。西方宗教的天國中，天使盡是白種人，未見黃種人，更未見黑種人。從這個角度來考察，便可以明白，宗教信仰和宗教經驗的背景，是不可分割的。

※ 超越一切的神、鬼、地獄、天堂

以佛教的立場看，雖承認有神有鬼，也承認有天堂地獄和佛國淨土，但是信佛學佛的目的，是要達到無我無相的解脫自在，也就是超越一切的神、鬼、地獄、天堂。佛教認為，對於神、鬼、地獄、天堂的信仰，都有它一定的「作用」，卻不是

最終的目的。是不是真有地府與天堂？對
凡夫而言是有，對聖者而言是無。

　　對於地府、天堂之說，佛教認為對
愚人說有，對智者說無。那是一切唯心所
現，就像是戴了不同色彩的眼鏡，就看到
不同色彩的世界。這就是為什麼古代的
中國人只看到中國人的天堂地獄，現代人
的世界已知有紅、黃、黑、白等人種，因
此現代人遊地府，應該可以見到聯合國狀
態的地獄了。古代西方人的天堂裡沒有黑
人，以致現在的非洲人也創造了一個黑人
的天堂，擁有黑人的上帝。這都是出於偏
狹的種族意識，並不是具有黑白分離的天
堂地府。

　　在我們的生活圈中，有人說，他遊了
地府，也有人說，他到了天堂。這些事是
否可信，其實很難說。因為當他第一次講
給你聽的時候，他還有點隱隱約約，不太

確定；到了第二遍講給你聽的時候，就相當逼真了；到了第三次敘述的時候，他的自信心就愈來愈強了。

✸ 將神祕經驗當作幻景處理

我碰到幾位自稱上過天堂、遊了地府的人，也見過自稱曾經親臨西方極樂世界的人，當他們第一次描述的時候，還會問我：「我見到的是這個樣子，你看對不對？是九品蓮池的第幾品？」

到了第二次，他會肯定地說：「我看到的就是這個樣子。」

第三次講出他的見聞時，就會要求我非得相信他的見聞不可了。

這些人之中，如果是善根深厚的人，便會虛心向我請教，我會給他建議：地府天堂，就算實有其事，也都是海市蜃樓。一個

以清淨心學佛的人，應該把它當作幻景處理，否則那會給人帶來心理上的負面影響。

一個正常的佛教徒，縱然在修行過程中發生了或多或少的神祕經驗，也不會沾沾自喜，逢人炫耀。因為一則你不能把你看到聽到的拿給別人看，再則即使你辦得到，人家也會說你弄玄虛、玩幻術。若有人因此而信者即成迷信，若不信者還是不信。

所以，一個高級的宗教，相信天堂地府是身後的因果報應，然而尚在活著的時候，應當站在人的立場，把人的責任和義務擔負起來，把人的標準做好，才是最重要的。「人成即佛成」，有了完美的人格，離佛也不遠了，哪裡還用愁著上不了天堂而下地獄嗎？

（選自《叮嚀》）

05

相信有前世和來生

　　俗話說：「善有善報、惡有惡報；不是不報，時辰未到。」此「時辰」若是限定於此生此世，那就會發現世上反而常有「好人不長壽，禍害遺千年」的事例。但是，我們若把這個「時辰」延長到過去和未來，那麼所有的因果，都要經過三世（過去、現在、未來）才得圓滿，以此心態來看待世間現象，也就能夠將心安置在寧靜的海洋中，不隨際遇而起波濤。

　　一位西方記者曾經問達賴喇嘛，這個世界哪有真正的公義？到處充滿不公平

的事情。譬如，像你這麼慈悲的好人，也落到流亡海外數十年的地步。達賴喇嘛回答他：「如果你相信有過去，相信有未來，你就會感到平安。想著永遠的過去，想著永遠的未來，你的內心就會平衡、快樂。」

至於過去從哪裡來？未來到哪裡去？在生前很難清楚明白。

✿ 三世永續的生命

首先，我們必須了解一個狀況，新生嬰兒的腦細胞是空白一片。如同還沒有輸入任何程式、內容的磁碟片一樣，新生兒只帶著父母給他的基因出世，卻沒有把前生的記憶帶來。因為在前生臨死時，腦中的細胞全死了，無法留下一絲痕跡。

要是有人知道前世種種，那靠的不是

腦細胞的功能，而是神通。神通有生得、有修得；「生得」是前世強烈的毅力或福德力所遺留的力量，藉著這個力量而知道前生的部分情形；「修得」是依修定、持誦、觀想等方法而發起神通力，但若不能妥善處理神通，反而會帶來生活上的煩惱。

我遇到許多有這種能力的人，他們都知道自己的過去世。我在美國紐約的象岡道場，有一位從北京到美國留學的女子和她母親來看我。這位母親是佛教徒，她女兒則不是。

這位年輕女學生告訴我，她本來跟普通人沒兩樣，可是有一天，她突然就看到自己的過去世，而且也可以預知未來。通常這種異能，可以清楚地看到過去，但至於未來則只能知道一部分。她甚至有透視人內心和內臟的能力，而且不必面對面，

只要通個電話，跟她接觸就可以知道對方心意如何、身體狀況如何。

自從她有這種異能之後，生活步調就被打亂了，因為她時而在現在，時而又好像回到了過去，時空發生錯亂。對此生父母的感覺也沒有過去那麼親近，不覺得自己是這個家庭的一分子，因為她知道現在的雙親，不是她「原來」的父母。

她告訴我雖未信佛，卻相信此生有過去，此後有未來，因為她看到了。我勸她最好不要使用這種能力，用多了就可能變成靈媒一樣，對自己對別人沒有多大益處。我也鼓勵她學習佛法，用佛法的知見來看待它，漸漸把這種能力淡化，不用它、不理它。

在我的皈依弟子中，也有一些人有類似的能力，即所謂第三眼，我都勸他們不要用、不理它，慢慢地這種異能就淡化了。

❋ 繼續生命旅程的勇氣

　　一般有第三眼或第六感的人，很自然會相信生命的輪迴，但有這種異能的人畢竟是少數。大多數人只有依靠宗教信仰，才能相信有過去和未來。這就是對生死最好的準備，也可以在現在生的生命過程中，得到吉凶禍福的平衡點。九二一大地震，頃刻間家破人亡，受難者內心的哀傷、震驚，豈是旁人三言兩語就能撫平？但是，如果他們有宗教信仰，相信有過去和未來，那麼即使他們一時間無法接受痛苦的事實，但在心理上還會存有安慰和希望。

　　因為從佛教的教理中，他們會逐漸體會出世間無常、國土危脆、四大苦空、五蘊無我、生滅變異的道理；對於生命驟然間的消逝，也就會慢慢釋懷，走出悲傷的

情境。而且因為相信生命三世相續不斷，所以親人雖然過世，但不是就這樣消失，而是另一個新生命的開始，或轉生天上、佛國，或者轉世再來做人。這樣的信念，能讓受難者的心靈得到很大的慰藉與支持，有足夠的勇氣繼續完成生命的旅程。

———
（選自《歡喜看生死》）

聖嚴法師的叮嚀

昨天的善惡，會有禍福的結果！
今天的好壞，就是苦樂的因素！
明天的功過，想一想該不該做！

06

人死會變成鬼嗎？

　　人死之後，若不超凡入聖，一般說
來，便成了亡靈。現在說到超度亡靈，先
要說明亡靈的性質。人死之後的生命主
體，稱為亡靈。民間一般的觀念，認為人
死之後即是鬼，而且永遠做鬼；在我們佛
教，絕不接受如此的觀念，否則，就談不
上超度兩字了。佛教看凡界的眾生，共分
為天、人、阿修羅、鬼、傍生（牛、馬、
蚊、蟻等動物）、地獄等六大類，在此六
類之中生來死去，又死去生來，稱為六道
輪迴，所以，人死之後，僅有六分之一的

可能成為鬼。佛教使人超出並度脫了這六道輪迴的生死之外即稱為超度。

✿ 中陰身不是鬼

但是，凡夫在死後，除了罪大惡極的人，立即下地獄，善功極多的人，立即生天界而外，一般的人，並不能夠立即轉生。未轉生的亡靈，卻不就是鬼，那在佛教稱為「中有身」或名「中陰身」，即是在死後至轉生過程間的一種身體，這個中陰身，往往就被一般人誤稱為鬼魂，其實它是一種附著於微少氣體而存在的靈質，並不是鬼魂。

中陰身的時間，通常是四十九日，在這階段之中，等待轉生機緣的成熟。所以，人死之後的七個七期之中，親友們為他做佛事，有很大的效用。若以亡者在生

時最心愛的財物，供施佛教，救濟貧病，並且稱說這是為了某某亡者超生而做的功德，亡者即可因此而投生更好的去處。所以佛教主張超度亡靈，最好是在七七期中。如果過了七期之後再做佛事，當然還是有用，但那只能增加他的福分，卻不能改變他已生的類別了。

※ 重生為人

假如一個人在生作惡很多，註定來生要做牛或做豬，當他死後的七七期中，若有親友為他大做佛事，並使他在中陰身的階段聽到了出家人誦經，因此而知道了一些佛法的道理，當下悔過，立意向善，他就可能免去做牛做豬而重生為人了；如果當他已經生於牛群豬欄之後，再為他做佛事，那只能改善這條牛或這頭豬的生活環

境，使之食料富足，不事勞作，乃至免除一刀之苦，被人放生；如已生在人間，便能使他身體健康，親友愛護，事業順利；如已生到西方極樂世界，也能使他蓮位的品級升高，早日成佛。

（選自《學佛知津》）

聖嚴法師的叮嚀

只要生而為人，
就不能不受生老病死等的諸苦，
也不能避免天變人禍的災難，
唯有修福修慧，成就不壞的功德；
唯有一心念佛，求生極樂國土；
放下四大假合的色身，便能往生蓮邦，
花開見佛，得悟無生。

07

佛教相信靈魂的
實在嗎？

　　佛教不相信有一個永恆不變的靈魂，
如果相信了靈魂的實在，那就不是正信的
佛教徒，而是「神我外道」。

❊ 靈魂和鬼

　　不錯，在一般人的觀念中，除了他是
唯物論者，往往都會相信人人都有一個永
恆不變的靈魂，晚近歐美倡行的「靈智學
會」，他們研究的對象，也就是靈魂。基督
教、伊斯蘭教、印度教、道教等的各宗教，

多多少少也是屬於靈魂信仰的一類，以為人的作善作惡，死後的靈魂，便會受著上帝或閻王的審判，好者上天堂，壞者下地獄。

在中國的民間，對於靈魂的迷信，更是根深柢固，並且還有一個最大的錯誤，以為人死之後的靈魂就是鬼，靈魂與鬼，在中國民間的信仰中，乃是一個糾纏不清、分割不開的大問題。更可笑的，由於鬼類有些小神通，又以為靈魂是「三魂七魄」組成的集合體了。

其實，鬼是六道眾生之一，正像我們人類也是六道眾生之一一樣，生為人，固然有生有死，生為鬼，同樣有生有死（人是胎生，鬼是化生），何況人死之後不一定就生為鬼。

而於靈魂，中國民間的傳說很多，往往把人的生死之間，用靈魂做為橋樑，生是靈魂的投胎，死是靈魂脫離了肉體，

把靈魂與肉體的關係，看同房子與屋主一樣，老房子壞了，搬進新的房子，房子經常在汰舊換新地搬進搬出，住房子的人，卻永恆不變地來來去去。這也就是說，人是靈魂套上了肉體的東西，肉體可以換了又換，靈魂是一成不變的，以為靈魂就是我們生死之流中的主體。

※ 生生死死皆無常

事實上，正信的佛教，並不接受這一套靈魂的觀念，因為這在緣起緣滅的理論上不能成立，站在「生滅無常」的立足點上，看一切事物都是生滅無常的，物質界是如此，精神界亦復如此。用肉眼看事物，往往會發生「成而不變」的錯覺，若用精密的儀器去看任何事物，無不都在剎那變化之中，《易經》所說的「生生」，

其實在生生的背後，也包含著死死，也就是變變或化化。

物質界的物理現象，既然是生生不息的，再看精神界的心理現象，那就更容易覺察出來了，因為心理現象的產生，就是由於精神的變動而來。心理現象的變動，促成了人我行為的或善或惡，善惡的行為，又會反轉身來影響到心理現象的傾向，我們的前程遠景，便是靠著這種心理促成行為，行為影響心理的循環作用而定。

那麼試問：靈魂的不變性，靈魂的永恆性，那是可能的嗎？當然是不可能的，不要說死後沒有固定的靈魂，縱然活著的時候，我們的身心也都是活在剎那不停地變了又變而變變不已之中。

（選自《正信的佛教》）

08

來生還是一家人？

　　民間信仰認為人死了以後可以團聚，譬如宗祠，同一家族的人，死後都葬在同一個區域，一代一代下來，整個家族就會團聚了。但是佛法認為，各有各的因緣、各有各的果報，人死之後，如果有大福德、大善根，很快就生天或轉生為人道；如果有極重罪業的人，譬如十惡五逆，死了以後很快就進入餓鬼道、地獄道去。如果有惡業也有善業，就要看因緣是什麼，哪一類先成熟就轉生到哪一類。

❀ 善根決定轉生去處

死亡以後，在還沒有轉生之前，也就是在等待因緣的時候，稱為中陰身。中陰身的階段，據說是四十九天，如果不投生，就是在鬼道。鬼道裡有福報的近乎於神，比較自由，甚至成為地方上、地區性的神祇，譬如土地公、城隍爺。沒有福報的則以氣為身體，只能依草附木，在這裡待一待、那裡躲一躲，沒有一定的型態。人間唯有因緣成熟的人才能見得著他們，即使是自己的親人也是一樣；而鬼道眾生要再轉生，必須等待因緣成熟。

善根深厚者可以轉生為人，善根不深則可能變成畜生；轉生時並不知道要進入畜生道，但當變成畜生時，又已經忘掉自己原來是什麼，所以在中陰身階段需要超度。超度的確有功能，他們來聽聞佛號，

可能隨著念也可能只是聽，光只是聽，對他們就很有用。

譬如我現在講開示，你們用心聽，由於你們的心在聽，跟你們有緣的，像祖先、過世的親友或怨親債主，會因為你們的關係而得到力量。至於講的內容，善根深厚的可以聽得懂，善根不深的雖然聽不懂，但是由於你們和他們的關係，還是能得到力量。即使有的人只是寫牌位，沒有來念佛，但是由於誠心、布施心、供養心，同樣能產生作用。

※ 超度的力量

即使已經轉生，超度還是有用。已經轉生為人的，可以增加他們的福德、健康和善緣；已經往生西方極樂世界的，蓮花的力量可以強一點，也可以早一些見佛；

已經生天的，天福也會比較長一些、大一些。至於已經在地獄裡的人，要超度很難，連目連尊者這樣神通第一的阿羅漢，要救他母親都很困難了，何況是我們一般人。但根據《盂蘭盆經》，若做大供養、大布施，特別是供僧、供養三寶，再加上自己大修行，還是會有一點用處。

————

（選自《聖嚴法師教淨土法門》）

聖嚴法師的叮嚀

活著時，
要珍惜生命，感激生存，感恩生活，
要好好地運用我們有限的
這個生命旅程；
死亡時，要心存感謝、充滿喜悅，
要無懼、無憂、無悔、無怨、
滿懷著悲願心，迎向光明的前程。

09

死後會經歷
什麼過程？

　　從出生到死亡的階段，看起來好像是生，實際上也是在不斷地死。譬如身體的細胞不斷在更新，經過六、七年的新陳代謝，人體細胞便全部徹底換過一次。心也是一樣，我們念念都在生滅，每一念想過後，第二念隨之產生，前念滅了後念就起。

　　所以，無論是生理或是心理，在生命的過程中，不斷有生起和消滅的出現，我們叫作生滅，也就是無常。當人衰老時，身體機能自然會退化，然後就會死亡。

有人希望知道死亡的過程和死後又是處於怎麼樣的狀態？

就佛法而言，人的色身是由地、水、火、風等四大組合而成。就肉體而言，當人死亡時，首先是沒有了氣息，也就是斷氣，然後體溫漸漸消失，細胞也逐步腐爛。軀體逐漸地四大分離，硬的部分變成土、流質的化為水、熱能轉成火、呼吸也回歸於大氣。於是地、水、火、風全部解散，這個時候回歸於四大，身體已是不存在了。

✽ 不要受幻境的影響

以精神面而言，人瀕死時，有修行的人能預知自己大限將至，而有的人還不知道要死亡。也有的人會見到各式各樣的幻境，例如看見死去的親人，看到天國、西

方極樂世界或佛菩薩現前。這些有的是好的幻境、有的是壞的幻境、有的是很恐怖的，但都不是真實，也無所謂好壞。重要的是不要受幻境的影響，不要害怕、不要拒絕，也不迎接它。

但是，如果平時常持誦佛菩薩聖號，並發願往生西方極樂世界，臨終時若見到佛菩薩，這可能是與自己的願力相應，就跟著佛菩薩去吧！如果願力不相應，對於出現的幻境則別受影響。

死亡以後很可能看見光，一種非常非常深遠的光束，似乎在等著迎接自己。這時候不要心存歡喜迎接那個光，而該淡然處之，安靜地持誦「阿彌陀佛」聖號。若光自然而然來到面前，而自己也融入光中，這樣很好，不是生天就是往生西方極樂世界。

若是自己見到光就跟著光走，它不一

定到哪裡去，可能投生到什麼地方去了。
所以，不要一看到光就跟著光走，這是非
常重要的。

✳ 知道自己已經不是人

此外，以精神面來說，當知道自己的
肉體已經死亡，意識也離開了肉體，但是
記憶還沒有消失，它是前一生業的力量，
是自然而然產生的一種神通。這個時候若
看見家人，請不要跟著他們走，要讓自己
保持在空靈的一種狀態。

通常人死後的四十九天內是處於「中
陰身」階段，此時在等待自己的因緣或是
業力的成熟；業力成熟後，哪裡先成熟就
往哪裡投生。所謂中陰身的意思，就是此
一身到彼一身，也就是此一生到下一生之
間的過渡階段，在這個時候既不叫作鬼，

也不是人。另外，中陰身階段是最靈敏的，清楚知道自己已經不是人，也不是鬼，於是託夢、顯靈等情形，多會在此階段出現。

結束中陰身階段後就必須轉生，如果沒有轉為畜生道、人道、天道，或者往生西方極樂世界，就會進入鬼道。而進入地獄道的人，通常沒有經過中陰身階段，俗話說：「入地獄如射箭。」生前惡業很重的人，死後會馬上進入地獄道；如果有人一生之中修得天福，死後則生入天國，也不一定會經歷中陰身階段，因為神識已進入蓮台，進入西方極樂世界了。

────
（選自《生死皆自在》）

10

佛教相信閻王嗎？

　　從大體上說，佛教是相信有閻王的，因為，在許多的佛經中，都可見到閻王的記載。

❋ 閻王非來自佛教

　　但是，閻王並不是佛教首先發現的，佛教只是接受了印度古宗教的觀念而加以佛教化的。

　　在印度的古《吠陀》中，將宇宙分為天、空、地的三界，天界有天神，空界有

空神，地界有地神，佛教的三界——欲界、色界、無色界，可能也是受了這一暗示而觀察分列的。至於閻王，在《吠陀經》中，稱為耶摩（Yāma），他本是天神，後來轉為人類的第一祖先——第一死者，但是他在天上，所以《梨俱吠陀》相傳，說人死之後，至天上第一面謁的，就是耶摩及司法神婆樓那，到了後出的《阿闥婆吠陀》中，則說耶摩執掌死亡，同時更有對人死後的裁判權，這個在天上的耶摩，倒有點像耶教的上帝了。到了佛教，才將天上的耶摩天（欲界第三天）王與地獄的閻羅王分了開來。

閻王司理死者的審判管理及處分，閻王在地獄中的地位，相當於上帝在天上的地位。佛教既不崇拜上帝，自然也不會崇拜閻王。同時，佛教雖在大體上為了隨俗教化的方便而相信閻王的存在，但在本質

上並不肯定閻王的獨立性，故有部分部派佛教教派，相信閻王及獄卒均是由各個地獄眾生的業力所感——佛教相信唯識所現。

※ 死後的閻王審判是民間傳說

再說，正信的佛教，也不承認人死之後必須經過閻王的審判，在大體上只承認鬼道及地獄道的眾生，與閻王的職權有關。至於閻王派了獄卒來捉拿將死的人，那是民間的傳說，站在唯識所現的觀點上，佛教並不反對如此的傳說，那是自識的變現，所以佛典中也有類似的記載。

清朝的紀曉嵐，在他的筆記中，對於地獄及閻王界的情形，雖信而仍不得其解，他說世界之大，人有中外東西之別，何以凡從陰間得來的消息，只有中國人而不見外國人？難道中國的陰間跟外國的

陰間也是兩個分治的世界嗎？其實，紀曉嵐如果懂得了佛教所說「唯識所現」的道理，這一疑問，就可迎刃而解了。中國人的心中只存有中國型的陰間，當然現不出聯合國型的陰間了。

（選自《正信的佛教》）

聖嚴法師的叮嚀

世界可以是淨土，
也可以是地獄，
完全由你的心來決定。

II

以慈悲和智慧
得到重生

　　死亡是生命的一個過程，因為我們不知道自己是從哪裡來？也不知道死後將往何處去？誠如孔子所言：「未知生，焉知死？」因為我們對於過去沒有記憶，對未來當然也是茫然無所知。

❀ 生和死都是生命過程

　　但是從佛法、諸多聖人，以及所謂有宿命通、神通或天眼通之人處可得知，我們人或者是任何一個眾生，所有的生命只

是一個過程，在死亡之前我們是活著的，死亡之後則是另一生的開始。有前一個階段的死亡，才有我們這一階段的出生，大家因為不了解是不是有過去、是不是有未來，只看得見中間這段過程及片段，便以為生死之間就是我們的生命，而認為死亡是生命的結束。其實生命是永遠不會結束的，對凡夫而言，每一生是依照個人的業力和願力去轉生、再轉生，而得到不同的生命果報。

❊ 聖人轉生度眾生

那聖人是不是有我們這樣的生命呢？答案是有的。聖人是為了度眾生，而接受與我們凡夫同樣的生命，與我們凡夫生活在一起。他們其實已經從業報中得到解脫，而且從智慧的果報中又得到重生。

智慧的果報是什麼呢？就是慈悲和智慧。聖人轉生的目的是為了度眾生，凡夫的輪迴則是受報。所以從佛法的觀點來看，死亡並不是結束，能夠這樣思考，生死的話題就不可怕了。

（選自《生死皆自在》）

聖嚴法師的叮嚀

凡夫是以業力、業報而生娑婆世界，
是為了受報；
菩薩則是以願力來到娑婆世界，
是為了度眾生。

Chapter

12

如何不擔心
死後去處？

人們懼怕死亡，是因為不知道死後的
「我」是不是還存在？

※ 知道來生去處便無畏生死

如果能知道自己死後有地方可去，
而且去的地方可能比現在更好，那又何必
畏懼死亡呢？或者，死後另外一段生命現
象正等待著我們出生，又為什麼要害怕死
亡呢？

生命就好似一段旅程，如同我從臺北

到美國旅遊，我在臺北的家是這個模樣，到美國之後的家又是另一個樣子。若我們把死亡當作一個階段的結束，接下來再到另外一個地方旅遊，而且是我們自己願意、希望去的地方，能夠這樣想，死亡就一點也不可怕了。

❊ 達成自己的願心

特別是有宗教信仰的人，死亡是為了達成自己的願心，願到佛國淨土。既然已經到了佛國淨土，那裡比這個世界好得多，又何必害怕死亡？如果因願力而在人間度眾生，並且要到人間最窮苦、災難最多的地方，去幫助那些貧窮、困苦、潦倒又沒人關懷的人，乘願而去救濟眾生，雖然生活很辛苦也會甘之如飴。一切端看我們存著什麼心？若是前往自己本身想要去

的地方，就沒有什麼好畏懼的了。

（選自《生死皆自在》）

聖嚴法師的叮嚀

如來如去無去來，
大事小事實無事，
空花水月不用管，
求生淨土最要緊。

13

佛教看待死亡為往生

在我們幾千年的傳統觀念傳述，人死後都會變成鬼，都要赴陰曹地府受閻羅王審判。中國人又相信，橫死的人會變成厲鬼，無人祭祀的亡者就變成孤魂野鬼。這些都只是民間傳說，與佛教無關。

從統治者的角度來看，中國三千年來大部分時間是一統的，幅員遼闊，管理上十分困難。執政者往往善用民間通俗文化，藉戲曲、彈唱、說書、傳說等方式推行忠孝節義思想，勸民眾向善泯惡，這種作法有穩定社會的作用。相對地，也帶來

負面的影響，讓一般人一想到死亡，就浮現恐怖的牛頭馬面或悽慘的酷刑等影像，因而人人害怕死亡，避之唯恐不及。

❋ 發願往生佛國淨土

然而，根據佛教經典的記載，譬如《地藏菩薩本願經》中所說的地獄，是犯下五逆十惡重罪的人，死後因業力所感而去的地方；而生前貪婪、慳吝又殺生的人，死後才會墮入餓鬼道，變成腹大如鼓、頸細如絲，永遠吃不飽的餓鬼。所以，生前犯下大奸大惡罪行的人，死後才會下地獄變成鬼，或到地獄受苦；一般常人死後，是不會去地獄的。佛教只有多財福德鬼、少財普通鬼、無財的餓鬼，沒有提及「厲鬼」，只有孤獨偏遠地獄，而沒有「孤魂野鬼」的說法。

✽ 西方和東方的死亡觀大不同

相對於中國這樣對死亡不健康的想像，西方人顯得理性很多，因為在他們的觀念中，死亡沒有陰暗、恐怖的景象，而是一些光明、快樂的未來。

西方的基督教認為，人只要信仰上帝就可以上升天國。即使生前不信，臨終時懺悔、受洗成為基督徒，教友為他禱告，那麼他依然可以上達天國，因為上帝愛世人。只有那些犯下重罪，又不肯認罪、不肯信主的人，才會遭天譴打入煉獄。這種信仰，賜給臨終者非常光明的希望和安慰。同時，基督教也說，為國家、社會，以及為主的愛而遇難死亡的人，都會上升天國；但中國人往往把這些不是壽終正寢而死的亡者稱為夭亡、橫死，死後化為厲鬼、孤魂。兩者差別實在太大。

從這幾個層面觀察中華文化，特別是民俗文化這部分，的確對死亡的描述過於陰暗、恐怖、不健康。我們應該用正確的宗教信仰來扭轉、沖淡這負面的觀點。

　　佛教稱死亡為「往生」，言簡意賅地指出死後是有未來的。往生到哪裡呢？所有大乘佛教徒都願往生佛國淨土、西方極樂世界。如果不想往生他方淨土，那麼發願再回人間行菩薩道，也是很好的。因此面對死亡時，佛教徒不但沒有恐懼，反而歡喜以待，這樣的意義非常深遠，有很大的安定力量。

（選自《歡喜看生死》）

14
死後的世界

　　大家都貪生怕死，原因很複雜，簡單來說，人們總是貪戀身體、眷屬、財富以及名位。其次，對於死後的世界全然陌生，就像是出遠門，要到一個遙遠而從來沒有去過的地方，也未見到有人來迎接，也沒有親自收到相關的資訊，因此便對死亡心生恐懼。還有，對於死後世界那個屬於靈或精神的自我，是否存在，也無法確知。在這多重的未知與恐懼下，許多人便不願面對死亡。

　　曾經有一位居士的母親在彌留之際，

有許多人前去幫忙誦經念佛，沒多久她往生了，兩、三個鐘頭後，在場的很多助念蓮友，包括這位居士，都聽到她母親參與念佛的聲音。幾天後，她弟弟甚至夢到母親現身摸著他的頭說：「我現在很好，你不用掛念。」有類似經驗的人，對人死後仍有精神存在的信心就會很強烈，對死亡也不再恐懼。但是大多數人並沒有類似的經驗。

❀ 隨業力和願力往生

依照佛教的說法，往生的情況有兩種：一種是跟隨業力往生，一種是跟隨願力往生。跟隨業力往生，是隨著這一生所造的業力，加上累生累劫所造的業力去投胎，其中以這一生的業力最明顯，過去生的業力仍然存在，只是力量較弱。另外

有一種情況是跟隨願力往生，這又分為兩類：一是發願再回到人間來修行，以人身來度化眾生；在人間有修行慈悲的機會、有持戒的機會、有修定的機會，人間的環境比較容易修福修慧，所以很多修行有成的菩薩都發願再來人間廣度眾生。

但末法時期的眾生，善根不夠，很多人沒有把握下輩子能不能再生到人間，害怕墮落到三惡道中，也擔心即使再到人間會忘了曾發過的菩提心願，而不能繼續親近佛法；所以釋迦牟尼佛開了另一個方便法門，就是鼓勵大家發願往生西方極樂世界，這就是第二類的隨願力往生佛國淨土。

極樂世界是阿彌陀佛的願力所成，在彌陀經典裡提到，只要有人在臨命終時，願生西方極樂世界，不論你在世時修行如何，都能往生極樂淨土；到了那裡蓮花

化生，見佛聞法，繼續修學，等到修行有成，位階聖品之後，不再迷失退墮，才重返娑婆世界，廣度眾生，直到悲智圓滿，完成無上的佛果。不過極樂世界仍是個過渡的進修園地，在那裡修行成功後，還要化現種種身相，利益救度一切眾生。

※ 極樂世界是成佛的保證班

人間有水災、火災、風災、地震、刀兵、疫癘等災難，極樂世界不會有這些災難，那是一個沒有生、老、病、死苦、沒有天災人禍的淨土。那裡的佛，稱為「無量壽佛」，不但佛的壽命無量，眾生的壽命也是無量，因為眾生都是蓮花化生，所以不會生病，也不會衰老、死亡，同時在修行的路上也不會退步，可說是成佛的保證班。

除了西方彌陀淨土，尚有許多不同的淨土，例如兜率內院的彌勒淨土，只要發願往生，死後便即往生，得以親近彌勒菩薩，待彌勒菩薩下降人間成佛之時，便隨同來到人間，同在人間建設佛國淨土。

——
（選自《人間世》）

聖嚴法師的叮嚀

若對今生所有的遭遇，
平心靜氣地接受它，
且繼續不斷地改善它，
一定會有無限光明的前途，
就在前面等待著我們；
不僅僅是天堂或極樂世界，
最後還能成佛。

15

誰能把握自己
活多久？

　　初機學佛的人，如果不求感應，由於信心不足，很容易起退心，修不了多久就會說「沒有淨土，不想生淨土」等等的話，也不想繼續修行了。

　　如果首先告訴他淨土佛國是實有的，佛經所說是絕對可信的，特別是阿彌陀佛以本願力度一切眾生是最可靠的，凡是相信彌陀法門，持念彌陀聖號，願生彌陀國土者，當來必定往生彼國。

✻ 依彌陀願力最可靠

假如一個人沒有生死自主的力量，甚至連主宰自己身心的力量都很薄弱，就說有把握達到禪宗六祖那樣的程度，這種人自信雖然可嘉，可惜沒有實證的自信，只是虛驕、狂妄、不切實際而已。所以勸導初機學佛的人，修淨土念佛法門，依彌陀願力求生西方淨土，是最可靠最安全的。

✻ 念佛法門非專為老人而設

有些年輕人，誤認為念佛是為老年人而說的法門，至於年輕人，在世界上正準備做很多的事情，大概沒那麼快就離開人世間，又何必急著念佛求生淨土呢？可是，誰有把握自己能活到幾歲？更何況，求生西方只是一個願望，誰說念佛的人一

定會立即死亡？生西方淨土，是極終的目標，卻不是說現在念佛現在便去；等到要去的那一天才念佛，恐怕已無力念佛了，所以在平時就得先做好準備。

（選自《佛教入門》）

聖嚴法師的叮嚀

希望求生西方極樂世界，
就必須在生時勤於念佛，
勤修供養，廣種福田，
以報恩的觀念來消自己的業障。

16

心中有信仰，
臨終更平安

　　我還沒有去過西方極樂世界，沒辦法
告訴大家，只能從信仰的角度接受它。而
且有許多人念佛得到一些感應，相信有西
方極樂世界。

❋ 前途有希望

　　這些感應可以不相信它，也可以從
宗教的角度接受它，相信它、接受它可能
對我們的未來及死亡之後的前途，比較有
希望。

人活著時有希望，而臨命終或死亡之後，一旦沒有希望將心存恐懼，不知道該怎麼辦？那是無奈，也是不安。

❋ 此生只是一個轉捩點

　　如果最後還有一個地方可以去，那麼現在的生命只是生命過程中一個轉捩點，透過它再通往另一個更好的境界、更好的國度。對於存在世上的人還有一個希望，對於即將臨終的人，也是很好的安慰，不會死得很痛苦不安。

———
（選自《不一樣的生死觀點》）

17

諸佛菩薩為何要建立
佛國淨土？

　　在佛教信仰中所講的淨土，是指佛
的世界；以佛之願力所完成的世界，那是
為了成就及成熟菩薩們修行之所在。從大
乘佛教的經典及論典所介紹的，可以知道
除了我們的世界之外，尚有無量的十方世
界；在無量的十方世界中，更有無量、無
數的佛，在他們的世界上度眾生，我們稱
之為諸佛的淨土。其中最有名的，就是中
國、韓國、日本及西藏都知道的──阿彌陀
佛的安樂國土。

※ 以願力完成佛國世界

然而，佛的世界，是如何完成的？佛的世界，是否是永恆的呢？

佛法告訴我們，一切的環境、一切的世界，都是由心所成。

凡夫是以業力來完成一生又一生的環境，因為人的心是煩惱的、情緒的。當心念動了之後，就會去做各種的善事及惡事，因而得到果報；一邊受報，一邊又在造業，不斷在生死之中受苦受難。雖然有些短暫的快樂，但終究還是苦多於樂，短暫的快樂是長期辛苦的報酬，短暫的快樂之後又面臨長期的苦報。

菩薩與佛，則是以願力來完成一個又一個清淨的佛國世界。因為菩薩的心是慈悲的、智慧的，他們會在諸佛的世界裡，多種善根，廣結善緣，運用環境來增長他

們的慈悲與智慧，使得眾生能在他們的世界上，完成成佛的功德。

✳ 諸佛的淨土分類

諸佛的淨土有兩類：一類是諸佛在因地發願時，願在他們成佛時所出現的淨土，眾生多希望能生到他們的淨土，那裡的人聽聞佛法，不斷修行，只造善業，不造惡業，直到成佛為止，就像阿彌陀佛的極樂世界。另一類則是發願到有善有惡、有苦有樂的娑婆世界，去救度眾生，使眾生為善去惡、離苦得樂，他們寧願選擇這樣的環境，做為他們的佛國淨土；就像釋迦牟尼佛將我們所處的世界，做為他成就眾生的國土。

以上兩類淨土，都是非常慈悲的。既然阿彌陀佛的極樂世界沒有壞人、壞

事，那麼，那裡的人又是從哪裡去的呢？就是像我們這樣世界的人，厭倦目前現有的環境，希望找到一個更安定、更清淨的地方。

阿彌陀佛是慈悲的，不論我們做了多少壞事，造了多少惡業，只要發願往生阿彌陀佛的安樂國土，都能讓我們有機會帶著尚未受報的惡業往生佛國，直到修行圓滿，再去度化眾生。

（選自《人間淨土》）

Chapter

18

念佛必生淨土

　　人都會死，但死後往哪裡去呢？若不解脫生死，便是輪迴生死。生死中又有兩條路：一是上生天、人、神的三善道；一是下墮地獄、餓鬼、畜生的三種惡趣。人在世間，如自己平時尚未修行到生死自主的程度，或根本不曾修行也不知道要修行，到臨命終時，都需要他人幫忙助念。那是依靠阿彌陀佛本願力的加持，以及助念者的功德力量相扶助所共同產生的功效。

※ 相信念佛必生淨土

對病危者而言，首先要使他知道並相信，只要念佛必生淨土。因為，一般人在臨命終時，能得心不顛倒、意不貪戀是不多的，而助念者的佛號，聲聲入耳，正可使病危者避免恐懼、焦慮、捨不得等顛倒妄想，而將念頭導入一心嚮往淨土的正念。如果病危者心裡尚有恐懼、焦慮、捨不得等雜亂心，便會促使他下墮而難以上生。

※ 結淨土緣，往生蓮界

至於佛的本願力量，根據《觀無量壽經》記載，阿彌陀佛在最初發願時，曾開殊勝方便：雖十惡五逆之人，於臨命終時，若遇善知識，說法安慰，教令念佛，

至心令聲不絕，具足十念「南無阿彌陀佛」，即得往生彼佛淨土。今日的助念者，便是病危者的善知識，勸他念佛，也助他念佛，助他至心稱念彌陀聖號，此即是藉著助念者的力量，加上佛的本願力，而使臨命終的人往生淨土。如已解脫生死者，臨終由人助念，便是和他結淨土緣，恭送他往生蓮界。

（選自《佛教入門》）

聖嚴法師的叮嚀

看不見的無常，考驗著我們，
一時的慌張，驚恐難免。
讓我們放下擔憂或輕忽的心，
關懷他人，造福自己，勇敢面對；
永遠需要給自己一個希望，
到了絕處也會出現光明的生路。

19
阿彌陀佛的意義

　　我們每天念阿彌陀佛，而其意義，可能有些人尚不知道。依據《無量壽經》的介紹，阿彌陀佛又名無量壽佛、無量光佛、無邊光佛、無礙光佛、無對光佛、炎王光佛、清淨光佛、歡喜光佛、智慧光佛、不斷光佛、難思光佛、無稱光佛、超日月光佛等共十四個尊號，都代表著阿彌陀佛的智慧廣大與慈悲廣大。

　　也可以說，若能修持阿彌陀佛的念佛法門而蒙佛眷顧，便能在一切時、一切處，永遠而普遍地用智慧和慈悲之光，給

我們平安、勇氣、毅力、健康、幸福、歡喜、快樂、清淨，而且是無比的、最好的、不可思議的。雖有愚昧的眾生拒絕他，他則永遠不會對任何眾生失望。眾生如果有了煩惱障礙，有了業障現前，只要持名稱念阿彌陀佛聖號，便會心開意解，心胸豁達。

※ 阿彌陀佛的智慧之光

世間一切事物狀況，皆是由先後的因果關係所造成，也是由不同的因緣關係所形成，所謂因果不可思議，因緣不可思議。凡事凡物，一切狀況，我們只得盡力而為，卻不可能隨心所欲，想到什麼就能得到什麼。愚癡的凡夫不了解這層道理，所以希望事事稱心如意，一遇到阻礙，不是怨天尤人，便是失去自信，生起煩惱。

這就需要念佛，祈求阿彌陀佛帶來智慧之光。

放不下自己是沒有智慧，放不下他人是沒有慈悲。能做如此想，對一切人都會生起同情心與尊敬心，同情人家也是具縛的凡夫，尊敬人家也有獨立的人格。如對人家的苦難和麻煩，沒有條件地伸出援手，便是慈悲心了。如果不為任何目的，時時以幫助和諒解的心對待他人，即是菩薩心腸了，也是菩薩的慈悲。菩薩是成佛的預備階段，修行人稱為菩薩，就是學習佛的慈悲和智慧。念佛的人，等到慈悲與智慧圓滿之時，也即是佛了。

❋ 無量的壽命、智慧、慈悲

在我寫的〈四眾佛子共勉語〉中有兩句話：「慈悲沒有敵人，智慧不起煩

惱。」實際上，若能將之發揚光大，便是阿彌陀佛的無量壽、無量光、清淨光、歡喜光、智慧光。以無量的壽命永遠救度眾生，以無量的智慧普遍光照眾生，以無量的慈悲平等關懷眾生。

　　修行念佛法門，應當知道阿彌陀佛的意義，若要親自體驗其意義，用智慧和慈悲來發願迴向自己求生佛國淨土，也發願希望一切眾生因我們的念佛功德而能全部往生佛國淨土，這就是迴向發願心。

　　　　　　　　　　　（選自《念佛生淨土》）

Chapter

20

念佛者是人中蓮花

　　平時念佛，心向西方淨土，也有現世
的利益可得。阿彌陀是梵語音譯，義為無
量壽與無量光。所以《觀無量壽經》說：
「若念佛者，當知此人，即是人中芬陀利
華（蓮花）。」又說佛的「光明遍照十方
世界，念佛眾生，攝取不捨」。如能一
心稱念佛名而得念佛三昧，則如《大智度
論》所說：「念佛三昧能除種種煩惱及先
世罪。」

念佛者如人中的蓮花

念佛不僅為求臨終往生淨土，也能消除現世煩惱及先世的罪障，而得種種利益。念佛者既如人中的蓮花，則何愁不得健康長壽、幸福和樂、吉祥如意、受人尊敬等等的利益呢？這都由於念佛的人，心向著佛，而有淨化身心、莊嚴環境的力量的緣故。

比如《大阿彌陀經》所見第二十五願：「光明照諸無央數天下幽冥之處，皆當大明，……見我光明，莫不慈心作善。」又第四十六願：「聞我名號，皈依精進，皆逮得普等三昧，至于成佛，常見無量不可思議一切諸佛。」繼續不斷地念佛，如能念到不念而自念，念到自己和阿彌陀佛互相交融、不分彼此的時候，雖然還沒有死，實際上已經是在極樂世界了。

❋ 極樂世界在何方

　　極樂世界在哪裡呢？經上說：從此土向西方，距離十萬億個佛土之外。可是當我們念佛念到非常純熟的時候，自心之中自會現出阿彌陀佛的極樂國土。如《觀無量壽經》云：「於現身中得念佛三昧」，「見此事者，即見十方一切諸佛。」可見，彌陀淨土的清淨莊嚴、解脫自在，都可以在未死之前的心地中出現，雖然彌陀的四十八願，多半是為成就西方的極樂國土，以及接引眾生往生彼國而發。所以淨土雖泛指諸佛國土，而諸大乘經中，獨對彌陀淨土的讚揚最多。

（選自《佛教入門》）

Chapter

21

蓮花化生的新生命

　　娑婆世界有八種苦：生、老、病、死、求不得、怨憎會、愛別離、五陰熾盛等，雖名為八苦，其實是無量苦。自己身心的煎熬、社會環境的衝擊、自然環境的不順利，都讓我們受苦。特別是心中有煩惱時，經常跟自己過不去，也跟他人過不去，讓自己苦，也讓他人苦。甚至見不得他人快樂，一定要讓他人也變成苦才甘願，所以我們這個世界又叫作苦趣。

※ 沒有機會生煩惱心

到了極樂世界，我們沒有機會生煩惱心，因為那裡都是諸上善人，不是大菩薩、就是大阿羅漢，所以即使是凡夫到了那裡，也沒有機會生起煩惱心來。如果還有煩惱心，蓮花也不能開，所以他人也看不到，也不會汙染那裡的環境和空氣。等蓮花開了，就能見佛聞法，此時煩惱也就斷了。因此能看到的，通通都是諸上善人。

※ 不受任何苦難

還有在極樂世界，不可能有任何苦難。會生、老、病、死，是因為我們的身體是父母所生的肉身，是臭皮囊，而到了西方極樂世界的眾生是蓮花化生，所以不

會有生、老、病、死。蓮花只是一種形容詞，形容無漏業的清淨。蓮花化生的身體不同凡夫的物質身，而是精神的慧命，所以不會有苦。

————

（選自《聖嚴法師教淨土法門》）

聖嚴法師的叮嚀

生命的每一階段，
都有一定的任務。
當每一個階段的任務結束，
必須進入另一階段時，
便是生命之光的無限延伸。

Chapter

22

彌陀的願力

淨土法門就是仰仗阿彌陀佛的願力。

《無量壽經》中說阿彌陀佛因地修行時，為法藏比丘，曾發四十八大願，如第十八願：「設我得佛，十方眾生，至心信樂，欲生我國，乃至十念，若不生者，不取正覺，唯除五逆，誹謗正法。」第十九願：「設我得佛，十方眾生，發菩提心，修諸功德，至心發願，欲生我國，臨壽終時，假令不與大眾圍遶現其人前者，不取正覺。」第二十願：「設我得佛，十方眾生，聞我名號，繫念我國，植諸德本，至

心迴向，欲生我國，不果遂者，不取正覺。」

✿ 念阿彌陀佛的由來

《阿彌陀經》中言：「若有善男子、善女人聞說阿彌陀佛，執持名號，若一日、……若七日，一心不亂。其人臨命終時，阿彌陀佛與諸聖眾，現在其前，是人終時心不顛倒，即得往生阿彌陀佛極樂國土。」這是後世念阿彌陀佛的由來，也是一切行者迴向功德，發願往生的根據；佛以大悲願力攝受眾生，眾生以懇切心求生彼國，必能感應。

✿ 願生西方，得生西方

中國佛教，不論哪一宗派的修行者，

雖然修禪觀、研經教，但最終仍多棲心淨土。近世中國寺院早晚課誦，都有念佛、念淨土發願文。

我在日本讀書時，有位老師——金倉圓照博士，他非常忙，忙得沒有時間念佛，但他相信他能生淨土，他持的理由是十念尚能往生，何況他平時就有信、有願，願生西方；願生西方，自然得生西方。

——

（選自《禪的生活》）

聖嚴法師的叮嚀

我們要為來生的罪福著想。
因此我們不僅要珍惜現有的福報，
同時要為永遠的來生，
培植更多的福報。

Chapter

23
前往淨土的條件

　　誰應該去西方極樂淨土呢？在《觀無量壽經》裡，將淨土分為九品；在《無量壽經》裡則分為三輩，也就是三個等級，各有三品。

❀ 累積往生資糧

　　如果想生到「上上品」，第一是要出家，第二是發菩提心，第三是持五戒、修十善；此外，要孝順父母、尊敬師長、發慈悲心、念佛、修淨土法門，並且發願要

去阿彌陀佛的極樂世界。

由此可知，要去西方淨土，必須先累積往生資糧，在此有限的生命中，盡量多做有意義的事，至少要能信佛、學法、敬僧；念佛，發願以佛法廣結眾生緣，迴向臨終往生到西方淨土。如果只想算計他人，貪、瞋、癡、慢、疑不斷，沒有多做一點布施、持戒、習定、修慧、積福的功德，縱然去了西方極樂淨土，也只不過是下品而已！

※ 在人間修功德

事實上，我們在人間要修、能修的功德是滿多的，如果能經常念佛號、與佛相應，使自己心中的煩惱、怨恨少一些；常把現實人間的每一個人，觀想成為西方淨土的諸上善人；把慈悲心、恭敬心、尊重

心，及布施心放在人間，那麼，我們所處
的環境，就是一個人間淨土了。

————

（選自《人間淨土》）

聖嚴法師的叮嚀

當我們自己有智慧，
其他的人也會跟著有智慧；
我們自己修福報，
其他的人也會一起有福報。

Chapter

24

每個人都可以往生
彌陀淨土嗎？

西方極樂世界的淨土是阿彌陀佛的
願力所成，須仰仗阿彌陀佛的願力方能往
生。是不是每個人都可以去呢？

✳ 阿彌陀佛願力加持

根據《無量壽經》所載四十八願中
的第十八願所說，只要求生阿彌陀佛的
淨土，乃至僅僅十念稱名，也一定可得

往生，這是由於阿彌陀佛願力加持的緣故。

可是，如果根據《阿彌陀經》則要念佛念到一心不亂，又說：「不可以少善根福德因緣得生彼國。」意思是說，如果有人，念佛未得一心不亂，加上善根淺，福德薄者，就不能生彌陀的淨土。《無量壽經》的第十八願說，除了犯五逆罪及誹謗正法的人，一切眾生凡是欲生彼國者，都得如願往生。然在《觀無量壽經》卻說，五逆十惡之人亦為阿彌陀佛的念佛法門，收為極樂國土的下品下生。

因此，在淨土法門中就產生兩派觀念：一派是至少人人可以帶業往生佛國的下品下生，另一派認為往生之時業障必已消除。

✳ 願生西方九品蓮

　　曾經有一位老先生向我預約說：「師父啊！當我死後，我希望往生到極樂世界。」「如何去？」「師父要幫助我。」「誰先去？」他想了又想說：「師父，當然是你先去。」他是盼望我趕快往生，然後帶他同生西方淨土。其實只有阿彌陀佛才有這種力量。《無量壽經》說，那是因為久遠劫前，世自在王佛的時代，有一位法藏比丘，他是阿彌陀佛的因地菩薩，早已發了這種誓願，願在成佛之後成就清淨國土，接引一切眾生。

　　所謂「願生西方九品蓮」，意思是說，九品蓮花都是依靠阿彌陀佛的本願將凡夫眾生接引而去；蓮花化生的世界，既是凡夫生存的世界，當然還有煩惱，這就是帶業往生，而不是消業往生，須仰賴阿

彌陀佛的願力救拔，雖然自己修行不夠，
不能解脫，但還可以往生西方佛國淨土。
其實能有九品蓮花，縱然是下下品蓮，也
比沒有的好。

———
（選自《念佛生淨土》）

聖嚴法師的叮嚀

只要保持自己的身、口、意
不受環境所困擾，
不產生煩惱，
那就會體驗到
處處有蓮花、
步步是蓮台的蓮邦淨土了。

25

佛教徒都願
往生極樂世界嗎？

　　凡是正信的佛教徒，不會希望以生天
為最終的目的，這是很明確的，因為除了
五淨居天及彌勒的兜率內院，生天尚在輪
迴生死的凡界。

※ 脫離生死輪迴才得永恆安樂

　　凡是正信的佛教徒，都願解脫生死，
這也是很明確的，因為唯有脫離了生死的
輪迴，才會得到永恆的安樂。

　　極樂世界，是由阿彌陀佛願力所成的

佛國淨土，但在十方法界之內，有著十方的諸佛淨土，西方的極樂世界，只是無量佛國淨土中的一個。

所以，佛教徒之中也有不願往生西方極樂世界而願往生其他世界的，比如東晉時代的道安大師，唐代的玄奘大師及窺基大師，以及近代的太虛大師，都願往生本界（大千世界）兜率內院的彌勒淨土。

生生世世在人間度化

如果是悲願宏深而信心堅強的佛教徒們，也有不願往生他方的佛土，而願生生世世在人間度化的。

（選自《正信的佛教》）

26

極樂世界遙不可及？

有的人懷疑，《阿彌陀經》說極樂世界的位置在「從是西方過十萬億佛土」，一個佛土就相當於一個三千大千世界了，何況是十萬億佛土，距離我們這麼遠，去得成嗎？

常寂光淨土、阿彌陀佛的法身遍於一切處，所以，雖然有十萬億佛土的距離，或是如《般舟三昧經》說的千億萬佛土，往生時也是屈伸臂頃，或是一彈指頃、一眨眼間就到了。其實屈伸臂頃的描述還算慢，手臂一伸一屈，再快總還有幾分之一

秒，其實只要心念一動立刻就到了，它的速度是無法形容的。所以，西方極樂世界距離我們其實很近很近。

※ 心與佛在一起

去極樂世界的不是身體，我們的身體叫作軀殼、臭皮囊，臭皮囊裡面有一樣東西叫作心，這個心叫作理，也就是佛性，也就是佛的清淨心，那就是我們能夠成佛的本性。這個本性不需要坐火箭、不需要坐飛機、不需要坐任何的交通工具，它不占空間，無所謂時間的長短、空間的大小，當我們用心念佛的時候，佛就在我們心中，我們的心就與佛在一起。

阿彌陀佛是不離本座而到我們這裡接引眾生，因此想去的人只要修行、只要發願，具備淨土資糧，距離一點也不遠。因

為沒有修行、沒有要去，才會覺得好遠。

※ 用心念佛與佛願力相應

那麼佛在西方極樂世界，我們念佛他聽到嗎？如果我們無心念，不用心念阿彌陀佛，就與阿彌陀佛不相應；如果我們用心念，就與阿彌陀佛相應，與阿彌陀佛的願力相應了，自然是聽到了。

（選自《聖嚴法師教淨土法門》）

27

臨終臨時抱佛腳
有用嗎？

如果我們的信心不足，時常存著：假如真有西方極樂世界，嗯！也可以去看看。於是半信半疑、半推半就之下，跟著別人行善、念佛、修供養布施。

請問這種人是否能生西方淨土呢？當然可以，不過只能往生在淨土的「邊地」，什麼叫作「邊地」？是胎宮、也是蓮胎，這是指蓮花尚未開，以相當長遠的時間，坐在蓮花胎中，既無罪報，福如天國，就是缺少聞法修行的機緣。

❋ 自己及時念佛更可靠

　　雖然說，臨命終時，十念彌陀名號即
可往生淨土。如果我們平時不信佛、不念
佛、不修供養、不種善根，僅靠臨命終時
求願往生是太冒險了。生前不念佛，臨命
終請助念團來助念求往生，當然也有用，
畢竟不如自己及時念佛更可靠。我們必
須在一聽到佛法時，不論年齡老少，均應
馬上念佛、持戒、修供養、種善根、修福
德，才有往生較高蓮位的希望。

❋ 以慈悲和智慧救濟眾生

　　修行淨土法門的人，不可自私自利僅
求自己能往生淨土就好，而不管這世間還
有許多的眾生在苦難之中受折磨，我們要
以慈悲和智慧來幫助救濟眾生。這就是發

菩提心，實踐菩薩道的三聚淨戒。

　　古代祖師們解釋《阿彌陀經》中的「善根、福德」，是要眾生多念佛、常念佛、勤念佛。所謂「念佛」也有兩種方法：1.用口出聲念，是有相念佛；2.用心思惟念，時時刻刻與佛的慈悲和智慧相應。不論出聲不出聲念佛，念念與佛相應，方謂之真念佛；工夫深了即成實相念佛、無相念佛。有相念佛尚是帶業念，無相念佛，即成消業往生。

　　其實準備帶業往生的人也須學著消業，一點一滴地慢慢消除，此生雖沒有辦法全部斷盡所有的罪業，罪業消得愈多，則蓮品的位子也升得愈高。

（選自《念佛生淨土》）

Chapter

28

捨不得走？

　　臨命終時能夠自己念佛當然很好，如果不能，只要有人告訴他阿彌陀佛極樂世界的依正莊嚴，只要他聽到了阿彌陀佛的佛號，也一定可以往生。

❊ 人人皆能得入極樂世界

　　此外，雖然根據《無量壽經》四十八願的第十八願：「設我得佛，十方眾生，至心信樂，欲生我國，乃至十念，若不生者，不取正覺，唯除五逆，誹謗正法。」

可是在《觀無量壽經》裡又說，就是十惡、五逆，只要稱名念佛，只要願意在生前學佛、念佛，就可以往生西方極樂世界。所以，西方極樂世界的門開得好大，各種根器的人都能去，只是開悟或是見佛的遲早而已。

只要能到極樂世界，將來一定可以得到不退轉，但是最好在臨命終時能心沒有顛倒。所謂顛倒是四顛倒，即常、樂、我、淨；以無常為常、以苦為樂、以無我為我、以不淨為淨。具體來說，就是對於財產、兒女、眷屬、名利、事業等，種種所擁有的東西會捨不得、放不下。尤其是臨終時，更是難捨，所以有人會死不瞑目。死不瞑目是因為不甘願，這些東西都是自己一生的心血，但人一死，什麼都沒有了。所以有人覺得「好死不如歹活」，活著，至少東西還是自己的。

人們捨不得的事情太多了，捨不得三妻四妾，捨不得兒孫滿堂，捨不得金錢財富，這就是顛倒。有的人臨死時，還把支票簿或圖章抓得緊緊的，捨不得給兒孫，捨不得給親戚、朋友，又非給不可，十分痛苦。所以，臨命終時一定要專心一意地求生西方極樂世界，要以至誠心、深心、迴向發願心念佛，要一向專念念阿彌陀佛，願阿彌陀佛來接引，否則會捨不得走。

❀ 極樂世界壽命無量

有些人，生前沒有做布施、沒有修功德，也沒有持戒、供養，也沒有替他人或自己做好事，即使做了，也沒有盡心盡力，只是敷衍了事，這種人臨命終時，可能不會想念佛，也想不到要念佛，因為念

佛等於要死了，他捨不得把擁有的東西放下。所以，我們看到很多人病得非常重，勸他念阿彌陀佛，但是他們不願意念，說：「我不要念阿彌陀佛，我要念藥師佛，我要消災延壽，我不要到西方去。我不想死，我想活！」這真是顛倒。

壽命有一定的限度，輪到要死的時候就是要死，不是死的時候，你想死也死不了。念阿彌陀佛比藥師佛還好，阿彌陀佛是無量壽，到了西方極樂世界，壽命是無量的，為什麼捨不得？這是顛倒。

———
（選自《聖嚴法師教淨土法門》）

29

念佛一心不亂，
佛必接引

　　《阿彌陀經》告訴我們說：念佛念到
一心不亂，臨終之時，佛來接引。這使很
多人聽了會氣餒，因為那不是平常人容易
做到的工夫，健康時都做不到的，何況於
臨死的時候能做到呢？但這不是問題，淨
土法門是教我們不要三心兩意，不要臨事
慌亂，平時認定方向，堅定信心，保持願
心，臨終時，不論在什麼情況下，都可往
生西方佛國淨土。此偈也是這麼說的，雖
以散亂心進入寺院塔廟，只要信心堅固，
願心不移，恭敬念佛，乃至僅僅一句稱佛

名號，皆已保證成佛。

✳ 有願必成

我們平常的心，都在散亂之中，只有
專心讀書、專心享樂、專心迴避危險時，
心念才是集中的。何況，人的心念不可能
一集中就永遠集中，否則身心都會疲累，
需要放鬆；一放鬆，心念就放鬆了。散亂
有妄想心也有煩惱心，在這種情況下還
能想到去寺院讚佛禮佛，可見已有信心，
也有願心，只要信願具足，無論要做什麼
事，都會有願必成，有信則立，敬業則意
誠，心誠則事舉。「南無佛」即是恭敬禮
佛的意思，既有恭敬禮佛的信心和願心，
便是種下了大菩提的種因，將來一定會得
大菩提果，也就是成佛；這個大菩提因現
在即使尚未發芽、尚未結果，但已有了發

芽結果的成佛之因。

❀ 善用心念，念念成功

　　任何事的原動力，都是出於人心的取捨及向背，只要有心，雖僅一念，也必有其影響的功能。如能善用自己的心念，則念念趨向成功；若不能善用自己的心念，則念念都會為自己製造出困擾的環境和痛苦的命運。

———
（選自《智慧一〇〇》）

30

決定往生的力量

　　佛教認為人過世之後，是依四種原則決定他的去處。一是隨重往生，隨他生前所做善惡諸業中最重大的，先去受報；二是隨習往生，隨他平日最難革除的習氣，而到同類相引的環境中去投生；三是隨念往生，隨亡者命終時的心念所歸，善念則轉生人間、天上，惡念則轉生三惡道中；第四隨願往生，發願學佛則往生佛國淨土，或轉生人間繼續修行。

❊ 發願才能隨願往生

　　學佛修行的人，知道要發願，可以隨願往生，一般沒有學佛的人，不知道發願，就會隨重業往生。業有重業、輕業，隨重是以重業為往生的第一優先，如果是天上的業重，就會生天，如果地獄業特別重，就會墮入地獄。佛經裡說，下地獄如射箭，一斷氣馬上進入地獄，連中陰身階段都沒有，那是十惡五逆的重業。

　　其實往生西方極樂世界也是重業，臨命終時能見到一片金色的光芒，那就是無量光。光中有佛、菩薩，手執金台前來接引，你自然而然登上蓮台，很快就到了極樂世界。有的人在斷氣前就能看到光和佛菩薩等瑞相，有些甚至連家屬也可以看到。

✳ 願力和業力

　　三十年前，臺北有一位吳姓醫師，他的父親是前清的宮廷醫師，一生念佛。他父親往生時，全家圍繞床邊念佛，往生時十分安詳。當時他就看到父親房間的牆上放光，整個房間很亮，然後在上面出現佛菩薩像，而且是活生生的，並不是畫的，當場大家都跪了下來。

　　臨命終時，如果願力很強，心念就與願力相應；如果業力很強，心念就與業力相應；這就是隨願和隨重。

　　如果沒有重業也沒有發願，就會隨念往生。我們學佛的人雖然知道要發願，而且在往生以前就已經發願，可是如果平常發願不懇切，沒有形成習慣，只有在打佛七或參加共修時跟著大家念，根本不了解什麼叫作發願，那只是種種善根。臨命終

時，很容易就忘掉了，與願力不相應，可能連念佛的時間、機會都沒有，到時就是隨臨終的念頭而往生了。

（選自《聖嚴法師教淨土法門》）

聖嚴法師的叮嚀

過去種福，現在有福；
現在種福，未來有福；
有福的人，要惜福；
無福的人，要種福；
報福的不夠，要培福。

Chapter

31
臨終一念最重要

　　臨終時，如果是非常強烈的貪念，
首先可能會生到畜生道，再來是餓鬼道；
如果是瞋心很強的人，首先則可能是畜生
道，再來是地獄道。因此，死亡時的念頭
非常重要。

❊ 平時要養成念佛的習慣

　　臨終時的念頭可能與你的習慣有關，
此時就是隨習往生。習就是平常的習慣，
臨死時，會產生很大的力量，十分可怕。

所以我們平時要養成念阿彌陀佛的習慣，煩惱一出現就念阿彌陀佛，常常保持自己的正念。妄念、邪念、惡念出來，要慚愧、懺悔、念阿彌陀佛，不斷改善自己，這樣與人相處時，自然就會生起慈悲心，並且把所有的人都當成菩薩看，以感恩、感謝的心來對待。

　　此外，還要常常想到四福：知福、惜福、培福、種福；還有四要：需要的不多、想要的太多、能要該要的才要、不能要不該要的絕對不要。不然臨終時，還在想這個、那個，不應該要的、不能要的還在要，根本想不起來要念佛。

　　有人看兒子、媳婦不孝順，不捨得把錢給他們，就把錢鎖在保險箱裡，臨終時還把保險箱的鑰匙緊緊握在手上。這時連身體都已經不能要，還要那個東西做什麼？這就是生前養成守財奴的習慣，所以

放不下。

✽ 提起一句佛號離地獄

　　活著時養成各種各樣的習慣，臨終時很麻煩，所以，我們要隨時反省檢討自己的習氣，盡量將它轉變成念佛的心、慈悲的心、布施的心、多結人緣的心、不生煩惱的心，並且常常懺悔、慚愧。

　　一旦養成這種習慣，臨命終時自然而然也會生起慈悲心、慚愧心、懺悔心，即使有瞋恨或貪欲的念頭出現，也會念一句阿彌陀佛。這時就算是已經快到地獄邊緣了，或者是已經進入地獄裡，若還能提起一句佛號，馬上就能離開地獄。念佛就是懺悔，只要有慚愧、懺悔，一定出三塗，也就是不會在三惡道裡，因此我們平常的工夫非常重要。

過去有一個老菩薩，住在農禪寺裡做義工，後來因為身體不好，堅持搬了出去。雖然搬了出去，但還是經常回來做義工。這個菩薩心裡只有佛，當時有人勸他：「你是大陸人，應該去大陸玩一玩、看一看。」他說：「阿彌陀佛！我想去的是西方極樂世界，去大陸又不能幫我到西方，有什麼用？我已經把所有的錢都拿去做功德了。」

　　有一天，有人通知我們，說他倒在路旁往生了，目前在殯儀館裡。雖然他往生時，沒有機會給他說法，但是像他這樣的一個人，保證往生西方。因為他在生前就是這麼懇切地相信能到西方、願意到西方，隨願、隨習，當然到西方去了。而且他身後有我們替他念佛、替他做功德，一定能到西方去，不用擔心他會墮落。

　　在明白死亡的過程及往生的引力後，

可知死亡時，最重要的就是要正念分明。雖然有那麼多的痛苦，而且因為沒有辦法呼吸，腦中缺氧，腦神經、腦細胞也要宣告死亡，頭腦裡什麼都沒有了，這時唯一可以依靠的就是念力或願力。

不要緊張、不要恐慌，也不要捨不得子女孫兒、鈔票股票、房子財產，如果都放不下的話，也會捨不得身體。死的時候還在說：「我不甘心！我不甘願這麼早就死，雖然已活到九十歲，但有人活到一百歲，我為什麼不能活到一百歲？」就是這我不甘願、我不想死和我想多活一點的念頭，讓你往生西方的願心發不出來，正念也提不起，就會隨重或隨念、隨習往生。

如果在死亡的過程之中，能保持「照見五蘊皆空」，覺得五蘊和合的身體是空的，無論出現什麼感覺都不管它，反正死

亡就是如此，要像我常常講的：面對它、
接受它、處理它、放下它。若能用這種態
度，就是般若的智慧。

（選自《聖嚴法師教淨土法門》）

聖嚴法師的叮嚀

守我們自己的本分，
盡我們自己的責任，
這個社會就會一天天好起來。
當人的內心發出了光明，
他的周圍便會出現淨土。

生死是修行的
最好考驗

最要緊的時刻，是在臨命終時，心不顛倒，願行菩薩道的也好，求生極樂國的也好，務須正念分明，一心嚮往。但是，臨命終時的正念分明的工夫，必定先從未死之前的平時做起。

雖說但能臨終十念彌陀聖號，即可往生西方淨土，可是，若非宿世的根機，僅靠臨終的十念，恐怕已經無法一心不亂地念上十念了。所以，學佛的人，修持的工夫，一定要從平時做起，一定要持之以恆。不可以修持了幾天又停頓幾天，持了

幾天戒，又去荒唐幾天，用了幾年功，又
去放逸懈怠幾年。

最糟糕的，有些人平時很精進，一
到病時就慌了亂了，甚至顛倒了，不信佛
了；他們以為佛法不靈，修行人沒有好
報，反而生病！有些人念佛吃素幾十年，
一旦病重，到臨終時，竟在家屬親友的慫
恿下開了葷，信了外道，這真是最最可
惜可憫的事。正像投資開礦，開到快要
見著礦藏的時候，竟然放棄不開了，為
山九仞，功虧一簣！這是信心不夠深切的
結果。

展現修行真工夫

所以我要勸告同道們：大家必須要一
往直前，不餒不退地修持下去，必須要切
切實實、不間不斷地修持下去，才能見到

真工夫，才能得到真受用。

臨命終時，便是最好的考驗，平時勤學的好學生，絕不會被老師考倒；平時勤修的佛弟子，絕對禁得起臨命終時的考驗。這一點，不但自己要堅定地信，切實地修，還要感化誘導各人的家屬子女，共同來信，共同來修，唯有如此，他們才會協助你到臨命終時的應考，不致反而來把你考倒。

❀ 平時工夫決定臨終往生方向

也許有人要問：一定要臨命終時一心不亂，才能決定往生西方淨土，一定要臨命終時正念分明，才能如願轉生行菩薩道，那麼，如果是在意外事件的災難之時或恐怖之處死亡，怎能保持心念的不亂與分明呢？在那種情況下死亡的人，豈不是

不能往生也不能如願了嗎？

這倒不一定的，因為信心與願力，只要深切了牢固了，它就牢牢地印在我們八識田中，它就有力量左右我們的神識的動向。比如一棵樹，從小就把它的重心拉向東方，那麼，當它成材之時，不論被風吹倒也好，被人砍倒也好，它倒下時的傾向，必定是向著東方。這就是平時的工夫，可以決定臨終以後神識動向的最好比喻。

當在病重的時候，切切不要怕死，切切不要貪戀家屬親友乃至產業寶物，切切不要心慌意亂，應該一心念佛，念佛功德相好，念自己皈信三寶的功德，加持自己的正念分明。

不能出聲，應當默念，並勸家屬勿在病危的時候送醫院，勸大家陪伴念佛，使得自己的身心，融洽於念佛聲中。如果壽

數未盡，也可靠著念佛的功德，使得病痛
速癒。

————

（選自《神通與人通》）

聖嚴法師的叮嚀

接受每一秒鐘的現在，
珍惜每一口呼吸的現在，
也能懷著十足的信心和無上的願心，
迎接光明的未來。
以最好的心態，享用最好的現在，
當然每一步都是在迎向最好的未來。

33
往生前的準備

最好還是活著時自己修行，死後等人超度，機會非常渺茫，也非常不可靠。一來生死畢竟兩隔，親人為你做的功德與你的心不容易結合，力量很有限。二來你的兒孫、親友也未必會超度你；因為親友往生，人們慌亂之際，很容易就隨習俗供幾碗菜、燒燒紙錢來表示心意。

※ 保證往生淨土

我們不僅要自己念佛，還要勸其他

人一起修行，特別是父母，這樣往生的時候，內心與佛是相應的，若再加上親友一起念，一定能與佛相應，往生西方極樂世界。勸父母念佛，是最孝順，也是最好、最恭敬的禮物，這要比一天到晚噓寒問暖，或每餐給他們吃山珍海味更好，因為念佛是長遠的。

　　所以，諸位參加念佛共修，不管是整天念，或是只念一炷香，即使一炷香之中只跟著大家念了幾句佛號，都有無量的功德。不過還是要盡量想辦法多念，不要浪費一秒鐘，專心一意地念佛，養成習慣之後，自然而然在任何時間都在念佛。臨命終時，不論是在什麼樣的狀況下死亡，你的心都會提起佛號，與佛還是會相應，保證可以到西方佛國淨土。

❀ 生死與信仰合而為一

印度有一位聖雄甘地，他是被暗殺死亡的，被刺殺的當下，念了兩聲他所信仰之最高神祇的名字，這就是信仰心的表現。他是那麼誠懇虔誠，平常早已經與他的信仰合而為一，時時刻刻相應著，所以任何時間死亡對他來講都相同。

佛七是養成念佛習慣最好的時間，但是不要一解七就不念了，果真如此，更遑論臨終了。所以，諸位要隨時提醒自己念佛，念念不斷地念；不管嘴上念不念，心裡不要忘掉了佛號。不管是任何時間，發生任何的狀況，一出口就是一句佛號，這是最保險的；如果不應該死，就能逢凶化吉，如果壽命已盡，也會往生西方極樂世界。

有一些人很奇怪，聽說念阿彌陀佛很

好，就跑來念阿彌陀佛，明天聽說念地藏菩薩有用，就念地藏菩薩去了，後天聽說念藥師佛才能夠治病，馬上又念藥師佛去了，後來聽說來了個喇嘛、活佛，有什麼法、什麼咒，念了以後就會如何如何，結果又跑去修那個法了。這樣會把自己弄得很複雜，任何一個法門都不熟悉，臨終時不知道要念什麼。一下想念藥師佛求壽，一下想念阿彌陀佛求佛接引，一下擔心死了以後到地獄去，又想念地藏菩薩，最後可能一句也念不出來了。要養成隨時隨地都能脫口而出，就是一句「阿彌陀佛」。

——
（選自《聖嚴法師教淨土法門》）

Chapter

34

心和佛號在一起

　　我曾經親自幫助一位從加護病房移出來，準備回家往生的癌症病患。我告訴他：「你將清清楚楚地走向另一個世界，從現在起，不要去注意身體的感受，雖然會感到痛、不舒服，但是不要覺得那是你的身體；面對你的親人時，清楚地知道你的親人在，但不要想到他們是你的親人，否則會使你牽掛難捨。」

　　「還有，身體愈來愈不能動，不要覺得有恐怖的事要發生了，把它當成是自然的現象，好像電影的淡入一樣，你將漸漸

地淡入另一個世界。」

✺ 進入光明境界

　　我要他在這個時候最好能夠念佛，如果不行，旁邊的人可以幫忙念，或是擺一台念佛機，音量放小，同時感覺著自己慢慢淡入，即將進入一個光明的境界。這個時候如果真的有光明的境界出現，千萬不要害怕，那是個非常好的現象，不要退縮，就進入那個光明境界。

　　我又告訴他：「不管有沒有光明境界，你的心都跟光明在一起；不管聽不聽到佛號，你的心都要跟佛號在一起。」傍晚的時候，這個人非常安詳地往生了，這是用念佛的方法幫助人往生的實例。

※ 以心念的力量營造祥和氣氛

我曾問過一位印度禪學老師，他在遇到臨終病患或剛過世的人時，會建議他的親友們，在病人身邊打坐，以心念的力量，營造出祥和的氣氛，使得臨終病患感受到祥和安寧，在這樣的氣氛下往生，亡者通常不會感到恐怖、憂慮。但是，採用這種方式，必須具備相當禪修經驗的人才辦得到，甚至還需要一些禪定的基礎。在臺灣社會中，有相當程度打坐經驗的人並不多，所以若是要求照護臨終病患的人，採取這個方式，恐怕會有困難。

（選自《法鼓山的方向：關懷》）

Chapter

35

念佛能預知時至嗎？

一生之中隨時隨地都要念佛，不要等到臨終。平時不燒香，臨「死」抱佛腳，可能就失去機會了。

❋ 預先知道死亡的時機

通常我們不知道自己什麼時候會死，但是如果平常念佛工夫下得深、用得久，就可以預先知道死亡的時機。有的大約在命終前一個月，有的則是半個月、一星期或三天。如果能預知時至，就能安詳地準

備後事。先把身體洗乾淨、衣服穿好，時間到了，一坐，就開始念阿彌陀佛。念一天乃至七天，甚至十聲，就心不貪戀、意不顛倒，歡歡喜喜地、很有信心地到西方極樂世界去。不會恐懼、害怕，也不會手足無措。

✤ 西方三聖親自迎接

當要斷氣時，阿彌陀佛、觀世音菩薩、大勢至菩薩西方三聖親自來迎接，還有西方極樂世界的諸大菩薩、大阿羅漢也都來了。觀世音菩薩托著一個由金剛鑽做的蓮台，請你上座，然後在像武林高手的手臂一伸一屈那麼短的時間內就到了蓮池，到了之後，阿彌陀佛立刻為你說法，馬上斷除見、思二惑，並除一分無明而證無生法忍。證無生法忍就相當於初地的菩

薩，立刻就轉凡成聖，馬上從凡聖同居土到實報莊嚴土了，就不在蓮池之中。這就是上品上生，如果希望自己也有那麼一天，就要精進念佛。

（選自《聖嚴法師教淨土法門》）

聖嚴法師的叮嚀

娑婆世界雖然有許多的苦難、障礙，
我們要把它當成修行的資糧，
鍛鍊我們、訓練我們，
讓我們一方面能消舊業，
一方面能修淨業、培福慧。
如果再配合念佛發願往生西方淨土，
就算臨終不能以自力得解脫，
也能往生極樂世界，
這是念佛法門的好處。

36

日常念佛必得往生

共修念佛固然重要，平時念佛也很
重要。

❈ 平時念佛的方法

平時念佛可分三種：

1. 是方便工作忙碌或公務繁劇的在家
居士修行的晨朝十念法門。即是每日朝起
後，修十念念佛。此含有多種方式：如宋
朝遵式大師教令盡一口氣念十句佛號，又
元朝天如惟則大師則云：「每日清晨，面

西正立合掌，連聲稱阿彌陀佛，盡一氣為一念，如是十氣，名為十念。」或以數口氣念十句佛號等。

2. 是晝夜不離佛號，不論在何時何處或做任何事，心中經常以「阿彌陀佛」的聖號為主要念頭。此如永明延壽大師，日課佛號十萬句。

3. 是以上兩者的折衷，得閒即念佛，事忙則做事，以免心分兩頭，如此則仍有很多機會念佛。

專心念佛時，不計環境淨穢，不論工作貴賤，在清除垃圾、打掃廁所乃至正在排便排溺時，也無不可念佛。唯有在須用思考、分析、聽講時，不便念佛，因為一念佛就無法專心了。但若能達到永明延壽禪師的程度，則隨時隨地都可以念佛，只是這必須經過長時間的訓練，否則是辦不到的。

✳ 生死自主

晚上就寢時，最好的姿勢是右脇臥，心中觀想光明相，全身放鬆，心裡默念佛號，直到入睡。若能持之以恆，久而久之，即便在睡夢中，也照樣能念佛。萬一忘了念佛，那麼，醒來之後，即刻把身體的臥姿調整好，再舒舒服服地躺下，繼續觀想光明相，並持念佛號。一旦觀想光明成功，那將不是在迷迷糊糊的情況下睡著，而是睡在清涼自在的光明世界中。而且很容易就能消除疲勞，並使精神飽滿，身心愉悅。像這樣，醒時既能作主，睡中也能作主。如此念佛，還有不生淨土的道理嗎？

（選自《佛教入門》）

37

念佛完成三種淨土

　　念佛究竟是為了什麼？當然是為了往
生淨土。

　　我們人一出生，隨時都可能出現死亡
的因緣，因此，我們要隨時做好面對死亡
的心理建設，對一個佛教徒來說，就是要
隨時做好往生佛國淨土的準備。千萬不要
想依賴他人助念，要不然臨命終時很可能
來不及念佛，而等到親戚朋友來助念時也
已經太遲了。所以，參加精進念佛禪修就
是在做往生西方淨土的準備工夫。

❋ 往生淨土佛國和成就自心淨土

其實只要我們做好死亡的心理建設，以及準備好死亡的方向、目標，那麼不管什麼時間死亡都不會恐懼、害怕，也不會手忙腳亂，否則愈是生不了淨土，墮落成為惡道眾生。所以，不管我們是用什麼修持法門，都要發願往生淨土佛國。要如何才能往生佛國淨土呢？就必須常常念佛、多多念佛，心與佛相應，我們在臨命終時就不怕自己不會往生佛國淨土了。

可是我們念阿彌陀佛就只能生西方淨土嗎？或許我們並沒有想到要生天國淨土，沒有想到要生欲界天或禪定天，也沒有想到要生彌勒內院，或做聲聞聖者生五種淨居天，但是我們可以用念阿彌陀佛的法門來完成自心的淨土。

證得自心淨土與禪修相同，就是能明

心見性，也就是開悟。自心清淨，自心就
是佛；自心清淨，自心就見彌陀法身，即
阿彌陀佛的法身，這是念佛的最高境界。

❀ 實現人間淨土

另外，實現人間淨土。就是要從修
行，也就是實踐戒定慧三無漏學、實踐六
波羅蜜等佛法，用持戒、修定、修慧，用
布施、精進、忍辱等法門，讓自己從一
個煩惱很多的狀況慢慢消融，使自己煩惱
愈來愈少，同時也幫助周遭的人痛苦愈來
愈少，那就是提昇人的品質、建設人間
淨土。

念佛能使我們生起慈悲心、慚愧心、
懺悔心、大悲願心、感恩迴向心，而這些
都是成佛、修菩薩行的基礎，也是求生西
方淨土不可缺少的資糧。所以，我們一定

要不斷發願、練習生起慈悲心、慚愧心、
懺悔心、感恩迴向心，如果練習純熟，在
平常生活時，就能以慈悲心、感恩心、慚
愧心來對待周遭所有認識或不認識的人。
這樣我們所提倡的人間淨土就會在我們這
個環境出現，完成了建設人間淨土的目的
與任務。

　　因此，念佛可以完成三種淨土。

（選自《聖嚴法師教淨土法門》）

聖嚴法師的叮嚀

人人心中點亮了智慧和慈悲的光明燈，
人格便能提昇，
人間的淨土就能出現了。

38

三等念佛人

念佛的目的有三等：

1. 有一等人，念佛是求消災延壽、癒病、健康、超度先亡。

2. 有一等人，念佛為求命終之時往生西方極樂淨土。

3. 有一等人，念佛之時，念念佛號念念淨土，念念佛號念念之中體現佛的無量功德。

❋ 念佛的財寶

此三等人，前不及後，後全攝前。我們若用賺錢為喻，第一等人是賺的鐵錢，第二等人是賺的銅錢及銀錢，第三等人是賺的金錢與鑽石。若僅取得鐵錢，一定換不到銀錢與金錢；若已取得金錢與鑽石，必定可以購得鐵錢、銅錢、銀錢了。所以我要奉勸大家：既來參加佛七，聽到了念佛法門，當然要有目標，不過不要老是把目的停滯在第一等層次。

要如何拿到金錢呢？許下弘願，痛下決心，來以深心念佛、專心念佛、一心念佛，乃至進步到達無心念佛的程度。

❋ 念念見淨土

當然，不可性急，一心念佛與無心念

佛是比較不容易做到的事，至於第三等念佛人的心態及觀念，則是可以信心來試著體會。至少可以了解，口中出聲念佛，心中知道是在念佛，一念接著一念，一聲連著一聲，相信自己在念阿彌陀佛，阿彌陀佛的本願功德，全在每一聲的佛號之中，也全在自己當下念佛的一念之中。這應該是可以做得到的。

　　我們若能如此，則一念念佛時，一念見淨土，念念念佛之時，念念得見淨土。

────

（選自《念佛生淨土》）

39

儲蓄功德帶往來生

　　如果我們想要超越生命的痛苦，就要學著不被生死的問題所困擾或束縛。生死皆有因，生並不可喜可賀，死也並不無奈悲哀。貪生怕死是沒有用的，因為我們都在生死輪迴的苦海中，每個人都要面臨死亡，生命的過程就是如此，這是自然現象。所以毋須貪愛生、害怕死，貪生怕死只會造成痛苦，自尋煩惱。

　　我們要知道，死亡本身並不是一件可怕的事，死後還有另一個新的未來在等待著。就像白天工作太累，晚上非睡覺不可

一樣，補充睡眠以後，第二天早上起床，又是嶄新的一天。

※ 養精蓄銳做準備

此外，生可以說是一個結果，利用這個結果，正好可以為死亡做準備。當我們死亡之後，世界上任何財產、名利都帶不走，只有業報隨身。所以，真正可以帶走的，是我們的慈悲心、智慧心和功德。因此，不必擔心死了以後會到哪裡去，看看自己現在有沒有「儲蓄」倒是真的。利用現在的生命好好養精蓄銳，在這個世界上多做些功德，多帶一些好的業報到來生，就不必害怕死亡了。這就像我們在鄉下多賺一點錢，再到都市來做義工，這不是很好嗎？

✳ 最好的歸宿

由此可知，佛教雖然強調從生到死都是苦，但並不像一般人所認為的那麼消極，相反地，還能夠幫助我們消融對死亡的畏懼。佛法教導我們積極地儲蓄功德，在人間先做好人間淨土的工作，往生時才能帶著功德一起前往極樂淨土，這才是我們最好的歸宿，也才能擁有永恆、真正的快樂。

（選自《真正的快樂》）

40

你在哪裡，
哪裡就是淨土

　　有人問我，想不想去西方極樂世界，
我說那個地方那麼好，誰不想去呢？又有
人問，這個世界是否想再來呢？我說這
裡有這麼多人學佛，這麼多的朋友需要佛
法，當然還會再來！

❀ 以發願為生命方向

　　事實上，如果你的心已得自由、已得
解脫，這兩個世界是相同的，是無分彼此
的。不過，一定要發願，不能隨波逐流，

人家叫你去哪裡就去哪裡，甚至以為隨便去變狗、變牛、做強盜、做土匪都好，這就不對了。心，必須要有個方向，要發悲願，只要你不為自己增加困擾、罪惡，但願眾生脫離苦海，你在哪裡，哪裡就是淨土了。

❋ 人間淨土就在人的心念中

人間淨土究竟在哪裡呢？事實上，就在人與人之間。只要有人發大悲願來體驗智慧及慈悲的佛法，甚至僅在一念之間，沒有嫉妒、怨恨、貪欲、猜疑、憂慮等種種煩惱，那麼，人間淨土就在這一念間出現在你的面前；如果每一個念頭都能如此，自然一生之中都是在人間淨土中了。

釋迦牟尼佛是智慧圓滿、慈悲圓滿的人，從他成道之後到涅槃為止，對他來

說，我們的地球，並不是娑婆世界，而是佛國淨土；因此，我們要常隨佛學，要修學佛法，哪怕是學一點點，人間淨土便會在我們的心中一點一點地展現，不但自己體驗，還能夠把淨土的經驗分享給他人。

祝福大家，希望人間淨土在每一個人的心中念念展開，也希望每一位都能經常生活在淨土裡！

———

（選自《人間淨土》）

聖嚴法師的叮嚀

一念存好心，一念生淨土；
一念離煩惱，一念見淨土。
一處有人行善，一處即是淨土；
處處有人行善，處處可見淨土。

生死 FOLLOW ME ④

來生有福——40則願生淨土指引

A Blessed Rebirth:
40 Guidelines on Seeking Rebirth in the Pure Land

著者	聖嚴法師
選編	法鼓文化編輯部
出版	法鼓文化
總監	釋果賢
總編輯	陳重光
編輯	張晴、詹忠謀
美術設計	化外設計
內頁美編	小工
地址	臺北市北投區公館路186號5樓
電話	(02)2893-4646
傳真	(02)2896-0731
網址	http://www.ddc.com.tw
E-mail	market@ddc.com.tw
讀者服務專線	(02)2896-1600
初版一刷	2024年2月
建議售價	新臺幣200元
郵撥帳號	50013371
戶名	財團法人法鼓山文教基金會—法鼓文化
北美經銷處	紐約東初禪寺
	Chan Meditation Center (New York, USA)
	Tel: (718)592-6593　E-mail: chancenter@gmail.com

法鼓文化

國家圖書館出版品預行編目資料

來生有福:40則願生淨土指引 / 聖嚴法師著;
法鼓文化編輯部選編. -- 初版. -- 臺北市:
法鼓文化, 2024.02
　面;　公分
ISBN 978-626-7345-18-4 (平裝)

1. CST: 佛教修持 2. CST: 佛教説法 3. CST: 死
亡

225.7　　　　　　　　　　　　　112020186